Ernst Ferstl

BEDENKZEIT

Aphorismen

© 2023 Ernst Ferstl

Herstellung und Verlag: BoD – Books on Demand,

Norderstedt, 2023

ISBN: 9783756840717

Copyright Aphorismen: Ernst Ferstl

www.gedanken.at

Layout: Angelika Ferstl

Ausgeglichene Menschen kennen
sowohl ihre Grenzen
als auch ihre Mitte.

◈ ◈ ◈

Das Einmaleins der Liebe

beginnt

mit zwei.

◈ ◈ ◈

Menschen, auf die wir immer
zählen können, sollten wir das
hoch anrechnen.

◈ ◈ ◈

Neue Erfahrungen zeigen uns,
dass wir noch nicht ausgelernt
haben.

Immer willkommene Gäste

beherrschen die Kunst

des rechtzeitigen Fortgehens.

◈ ◈ ◈

Wenn etwas vorbei ist,

ist es zu spät.

◈ ◈ ◈

Je mehr man weiß,

desto besser und genauer

kann man fragen.

◈ ◈ ◈

Glückliche Zufälle

gibt es nur

unter Ausschluss

des Rechtsweges.

Vom Alphabet der Liebe

kennen viel zu viele

nur wenige Buchstaben.

◈ ◈ ◈

Der Lärm um nichts

ist immer viel zu laut.

◈ ◈ ◈

Was uns nicht in den Kopf

gehen will, kann sich leicht

auf den Magen schlagen.

◈ ◈ ◈

Wer weiß,

was in ihm steckt,

weiß auch,

was ihm fehlt.

Das Herz benutzt andere Wege
als der Verstand.

◈ ◈ ◈

Neugier fördert
den Reichtum an Erfahrungen.

◈ ◈ ◈

Damit eine Beziehung
nicht in Brüche geht,
braucht sie einen
gemeinsamen Nenner.

◈ ◈ ◈

Es gibt mehr Menschen,
die anders denken
als Menschen,
die anders handeln.

Was man nicht vergessen kann,

braucht man sich nicht zu merken.

❖ ❖ ❖

Andere eines Besseren

zu belehren, bringt meistens

auch keine Besserung.

❖ ❖ ❖

Es ist ein Zeichen
positiver Ausstrahlung,
wenn sich andere in unserer Nähe
wohlfühlen.

❖ ❖ ❖

Dass andere anders denken,
sollten wir ihnen
nicht verdenken.

Ist der Sankt Nimmerleinstag
eigentlich ein kirchlicher
oder staatlicher Feiertag?

◈ ◈ ◈

Spricht man von rosigen Zeiten,
sollte man die Dornen
vorsichtshalber verschweigen.

◈ ◈ ◈

Wer etwas hinter sich lassen will,
hat meistens noch
viel Arbeit vor sich.

◈ ◈ ◈

Wer Umstände ändern will,
sollte sich dabei nicht
allzu umständlich anstellen.

Will jemand nicht

aus seinen Fehlern lernen,

hilft auch kein Denkzettel.

❖ ❖ ❖

Vorausplanen ist manchmal

eine Art Vorausträumen.

❖ ❖ ❖

Wer und was uns gestohlen

bleiben kann,

stiehlt uns wenigstens

keine Zeit.

❖ ❖ ❖

Schwachsinn wird

durch starke Worte

nicht sinnvoller.

Was selbstverständlich ist,

verlangt keine Erklärung.

◈ ◈ ◈

Auf dem Weg

des geringsten Verstandes

sind besonders

viele Prinzipienreiter

unterwegs.

◈ ◈ ◈

Wer den Ton angeben will,

muss damit rechnen,

dass manche verstimmt reagieren.

◈ ◈ ◈

Was einem nicht abgeht,

kann einem nicht fehlen.

Was das Herz sagt,

wird vom Kopf oft

überhört.

◇ ◇ ◇

Außenseiter haben

einen anderen Blickwinkel.

◇ ◇ ◇

Am meisten haben die Sieger

zu verlieren.

◇ ◇ ◇

Die einzige Arbeit,

die manche Leute

sehr gut können,

ist, andere für sich

arbeiten zu lassen.

Großartige Persönlichkeiten
lassen sich durch den Zeitgeist
nicht kleinkriegen.

◈ ◈ ◈

Bei manchen Leuten
ist es uns lieber,
wenn sie unsere Meinung
nicht teilen.

◈ ◈ ◈

Bevormundung
ist eine Form von Gewalt.

◈ ◈ ◈

Es ist besser,
gedankenverloren
als gedankenlos zu sein.

Bei der Auswahl eines Geschenkes
sollte man das zu erwartende
Gegengeschenk einkalkulieren.

❖ ❖ ❖

Auf das, was uns erwartet,
brauchen wir nicht zu warten.

❖ ❖ ❖

Das schönste Zeitmaß
fürs Genießen:
eine ganze Weile.

❖ ❖ ❖

Notwendige Entscheidungen,
die wir nicht fällen,
fallen uns irgendwann
auf den Kopf.

Die Gleichgültigkeit
ist die erste Stufe
der Unmenschlichkeit.

◈ ◈ ◈

Durchschnittsmenschen fallen
normalerweise
weder positiv, noch negativ auf.

◈ ◈ ◈

Manchmal hört
man etwas heraus,
weil man etwas Bestimmtes
hineininterpretieren möchte.

◈ ◈ ◈

Wer die Wahrheit sucht,
findet viele Unwahrheiten.

Richtige Kurzschlüsse

führen oft

zu falschen Ergebnissen.

❖ ❖ ❖

Ist etwas ausweglos,

ist der Weg oder das Ziel

Schuld.

❖ ❖ ❖

Der Fortschritt

lässt sich nicht aufhalten,

aber manchmal geht er

nach hinten los.

❖ ❖ ❖

Das Los vieler Gespräche ist,

dass sie belanglos sind.

Es hilft uns nicht weiter,

wenn wir das Richtige

falsch machen.

◈ ◈ ◈

Das Glück fragt uns,
ob es willkommen ist,
das Unglück nicht.

◈ ◈ ◈

Was man zerreden kann,

muss man nicht mehr

verschweigen.

◈ ◈ ◈

Nach einer schlechten Zeit

ist man auf eine gute

besser vorbereitet.

Unsere Zunge

ist schwerer zu bremsen

als unser Verstand.

◈ ◈ ◈

Manche Leute hört

man lieber schweigen

als reden.

◈ ◈ ◈

Gelegentlich schimpfen

ist besser

als immer jammern.

◈ ◈ ◈

Die Mehrheit glaubt,

dass die Mehrheit

immer Recht hat.

Eine Umkehr

ist immer möglich,

auch wenn man überall ansteht.

◈ ◈ ◈

Schwarze Schafe tun sich schwer,

wenn sie Farbe bekennen müssen.

◈ ◈ ◈

Wer warten kann,

hat mehr von der Vorfreude.

◈ ◈ ◈

Wir haben im Laufe

unseres Lebens

einiges auszuhalten und

zu ertragen,

auch uns selbst.

Es gibt Tage,

an denen wir verlieren,

aber keine verlorenen Tage.

✧ ✧ ✧

Wer weniger denkt,

hat mehr Zeit

zum Reden.

✧ ✧ ✧

Das ist Brutalität:

Wer sich nicht verheizen lässt,

wird auf Eis gelegt.

✧ ✧ ✧

Wer mit den Verkehrten verkehrt,

muss mit viel Gegenverkehr

rechnen.

Dem Unkraut

ist jeder Boden

und jedes Wetter recht.

❖ ❖ ❖

Pessimisten halten eine Oase

oft für eine Fata Morgana –

Optimisten machen es

umgekehrt.

❖ ❖ ❖

Der Schnee von gestern

ist steinalt.

❖ ❖ ❖

Wer uns überreden will,

gehört überhört.

Mehrheiten haben den Nachteil,

dass es dort auch mehr

Dummköpfe gibt.

❖ ❖ ❖

Im Kreis zu gehen

ist auch eine Art

von Bewegung.

❖ ❖ ❖

Scheinheilige

führen andere

gerne hinters Licht.

❖ ❖ ❖

Bedenklich:

Es gibt viel mehr Extremsportler

als Extremdenker.

Das Einfühlungsvermögen muss
noch nicht versteuert werden.

Mund halten ist auch
eine Form von Arbeit.

Hat man zu viele Berge versetzt,
entsteht daraus
ein neues Gebirge.

Es wird immer schwieriger,
interessante
Selbstgesprächspartner
zu finden.

Langweile hat

ein lange Halbwertzeit.

◇ ◇ ◇

Die Theorie ist grau,

die Praxis bunt.

◇ ◇ ◇

Wo wie gedruckt gelogen wird,

versteckt sich die Wahrheit

zwischen den Zeilen.

◇ ◇ ◇

Bei jenen, die nur unsere

Schokoladenseiten sehen,

besteht der Verdacht, dass sie uns

vernaschen wollen.

Ein Erfolg ohne Folgen

war einfach nur ein Zufall.

❖ ❖ ❖

Wer oft und viel

im Schatten steht,

sonnt sich gerne

im Erfolg anderer.

❖ ❖ ❖

Gewohnheiten sind bequem,

Veränderungen nicht.

❖ ❖ ❖

Das Gewissen hilft uns

zu unterscheiden,

was wir sollen

und was wir nicht sollen.

Wer viele Worte findet,

verliert auch viele.

◇ ◇ ◇

Glückliche Menschen

fallen uns nicht zur Last,

höchstens um den Hals.

◇ ◇ ◇

Die Macht hat

keine Angst davor,

dass sie übermächtig

werden könnte.

◇ ◇ ◇

Wer hellhörig ist,

hört auch

die dunklen Gedanken.

Es sind nicht immer die Guten,

die immer das Beste

von uns verlangen.

◈ ◈ ◈

Jeder glückliche Zufall

kann zu einer glücklichen

Wendung führen.

◈ ◈ ◈

Seinen Mund nicht halten

zu können, ist heutzutage

ein weit verbreiteter

Sprachfehler.

◈ ◈ ◈

Heutzutage leiden viele darunter,

dass sie überinformiert sind.

Der Geist weht,

wo er will,

der Ungeist auch.

❖ ❖ ❖

Gemeinsam erlebte

Sternstunden sind

etwas Himmlisches.

❖ ❖ ❖

Alles im Leben hat zwei

oder mehr Seiten,

das gilt auch

für die Einseitigkeit.

❖ ❖ ❖

Wer viel Zeit verliert,

verliert ein Stück Leben.

Wie es unendlich viele Zahlen gibt,

gibt es auch unendlich

viele Wörter.

◈ ◈ ◈

Denkbegabte Menschen

haben einen großen Denkschatz.

◈ ◈ ◈

Dass Gott Mensch geworden ist,

sollte uns nicht dazu verleiten,

Gott allzu sehr zu

vermenschlichen.

◈ ◈ ◈

Wer das Interesse an uns verliert,

ist von uns aus gesehen

ein Verlierer.

Manche Leute sind nicht einmal
als schlechtes Beispiel
zu gebrauchen.

◈ ◈ ◈

Wer oberflächlich lebt,
hat möglicherweise
große Tiefenangst.

◈ ◈ ◈

Der gesunde Menschenverstand
wird leider nicht als maßgebender
Maßstab anerkannt.

◈ ◈ ◈

Wer immer auf Wolke 7 sein will,
verliert mit der Zeit
die Bodenhaftung.

Die Zärtlichkeit

liebt die Hautnähe.

◈ ◈ ◈

Wut schenkt Mut.

◈ ◈ ◈

Einen Umweg

muss man

nicht suchen,

den findet man auch so.

◈ ◈ ◈

Die Zustände in der 3. Welt

sind nicht so schlecht,

dass sie nicht noch schlechter

werden könnten.

Das Gute in uns
ist auch das Gute an uns.

❖ ❖ ❖

Wer denkt, hat auch
immer wieder einmal Bedenken.

❖ ❖ ❖

Wer über den Dingen stehen will,
muss auf einen
bequemen Sitzplatz verzichten.

❖ ❖ ❖

Fortschritt?
Was früher verboten wurde,
wird heutzutage einfach
verschwiegen.

Wer positiv denkt,

hat weniger negative Gefühle.

❖ ❖ ❖

Die Werte werden

immer wertvoller,

weil sie immer weniger werden.

❖ ❖ ❖

Leute, die einem Sand

in die Augen streuen wollen,

sollte man umgehend

in die Wüste schicken.

❖ ❖ ❖

Zu einer starken Persönlichkeit

gehören auch die Schwächen.

Zuneigung fängt mit Zuwendung
und Zuhören an.

❖ ❖ ❖

Nächstenliebe üben
ist etwas anderes als
Nächstenliebe verüben.

❖ ❖ ❖

Manche flüchten sich
ins Schwätzen,
andere ins Schweigen.

❖ ❖ ❖

In einer verrückten Welt
haben die Verrückten
Heimvorteil.

Antworten, die wir bekommen,

ändern sich,

unsere Fragen bleiben gleich.

◈ ◈ ◈

Was wir zur Zeit erleben,

hat eine lange Vorgeschichte.

◈ ◈ ◈

Wer andere durch den Kakao

ziehen will, hat alle Hände

voll zu tun.

◈ ◈ ◈

Mehr als 7 Milliarden Menschen

können nicht irren:

Jeder lebt in seiner eigenen Welt.

Gute Gedanken

braucht man nicht

schön zu reden.

◈ ◈ ◈

Was schön und gut ist,

muss nicht auch noch

gescheit sein.

◈ ◈ ◈

Wer seine Stärken stärkt,

schwächt seine Schwächen.

◈ ◈ ◈

Freundlichkeit kostet nichts,

außer manchmal ein bisschen

Überwindung.

Das Weltbild jedes Menschen

sieht anders aus.

❖ ❖ ❖

Glück ist, was das Herz

mit Freude erfüllt.

❖ ❖ ❖

Wir leben

analog und digital

im Zeitalter der Viren.

❖ ❖ ❖

Am Ziel, ein lebenswertes

Leben zu führen,

führt kein Weg vorbei.

Wieviel Weg

steckt in einem Ziel?

◈ ◈ ◈

Große Worte bieten

eine größere Angriffsfläche.

◈ ◈ ◈

Was machen die Leute,

die uns Zeit stehlen,

eigentlich damit?

◈ ◈ ◈

Optimisten haben für jede

Enttäuschung eine Hoffnung

in Reserve.

Wer alles positiv sehen will,

muss viel übersehen.

✧ ✧ ✧

Liebgewonnene Gewohnheiten

zählen zu unserem Allerheiligsten.

✧ ✧ ✧

Wenn wir uns

etwas schenken können,

sollten wir

nicht darauf verzichten.

✧ ✧ ✧

Die Begegnung

mit manchen Leuten

ist eine Art Humortest.

Für die Zwischentöne

braucht man ein gutes Gehör.

❖ ❖ ❖

Gefühle haben

ihr eigenes Alphabet.

❖ ❖ ❖

Gelegenheiten,

die einem gelegen kommen,

sollte man gleich

beim Schopf packen.

❖ ❖ ❖

Das Fundament jedes Frage-

und Rufzeichens

ist der Punkt.

Je mehr Aberglaube,

desto weniger Zweifel.

❖ ❖ ❖

Die Angst,

zu kurz zu kommen,

hat meistens

eine lange Vorgeschichte.

❖ ❖ ❖

Die Kurzsichtigkeit

vieler Menschen

ist kein Augen-,

sondern ein Kopfproblem.

❖ ❖ ❖

Auch Unzufriedene

wollen Recht haben.

Der Glaube an die Sonne

wird erst wichtig,

wenn sie nicht scheint.

◈ ◈ ◈

Auch wer sitzen gelassen wurde,

kann mitgenommen aussehen.

◈ ◈ ◈

Mit Menschen,

mit denen man gut auskommt,

kommt man besser aus.

◈ ◈ ◈

Vereinfachung:

Nehmen wir die anderen

doch einfach so,

wie wir sind.

Ein halber Apfel ist
genauso köstlich wie ein ganzer.

◈ ◈ ◈

Nicht alles,
was sich machen lässt,
kann sich auch sehen lassen.

◈ ◈ ◈

Um einen Dummkopf
wirklich verstehen zu können,
müsste man sich
auf sein Niveau begeben.

◈ ◈ ◈

Jede Enttäuschung
ist ein Denkzettel.

Unser Leben besteht

aus Augenblicken und Jahren.

❖ ❖ ❖

Wäre Dummheit eine Krankheit,

gäbe es wenigstens berechtigte

Hoffnung auf Heilung.

❖ ❖ ❖

Es genügt nicht,

Glück zu haben,

man muss es auch

genießen können.

❖ ❖ ❖

Die Hochnäsigkeit mancher Leute

lässt tief blicken.

Auch Zuhören

kann uns die Augen öffnen.

◈ ◈ ◈

Erfahrungen können helfen,

Enttäuschungen zu verhindern.

◈ ◈ ◈

Unter Zwergen

steht der Größenwahn

hoch im Kurs.

◈ ◈ ◈

Viele Traditionen werden

immer noch gepflegt,

weil sie einfach

sehr pflegeleicht sind.

Wer alles überblicken will,

muss viel übersehen.

◈ ◈ ◈

Menschlichkeit

ist keine Privatsache.

◈ ◈ ◈

Träumen ist etwas,

das die meisten

im Schlaf beherrschen.

◈ ◈ ◈

Wenn man eine Frage

nicht versteht,

sollte man nicht

mit einem Ja oder einem Nein

antworten.

Offene Worte helfen nichts,

wenn sie keine offenen Ohren

finden.

◈ ◈ ◈

Einem Weg ist es egal,
in welche Richtung er geht.

◈ ◈ ◈

Wenn wir merken,
dass uns jemand Zeit stehlen will,
sollten wir uns möglichst schnell
davonstehlen.

◈ ◈ ◈

Manche Leute sind schon
vor einem klärenden Gespräch
anderer Meinung.

Was uns schwer im Magen liegt,

sollten wir nie auf die

leichte Schulter nehmen.

❖ ❖ ❖

Das Wort Glück

hat viele Gesichter.

❖ ❖ ❖

Theoretisch wissen

wir alles besser,

aber die Praxis ist

oft anderer Meinung.

❖ ❖ ❖

Ehrlichkeit gibt es nicht

im Sonderangebot.

Den Mangel an Bescheidenheit
gibt es im Überfluss.

❖ ❖ ❖

Die Armut in der 3. Welt
ist ein Armutszeugnis
für die 1. und 2. Welt.

❖ ❖ ❖

Bei geistiger Nahrung
kann man sich das Kalorienzählen
sparen.

❖ ❖ ❖

Neue Sitzordnung:
Wir sollten uns mehr zusammen
und weniger auseinander
setzen.

Sich nicht kleinkriegen zu lassen,

ist ein Zeichen

von Größe.

◇ ◇ ◇

Auch auf der Erde

leben so manche

hinter dem Mond.

◇ ◇ ◇

Richtigstellung:

Nicht schlecht ist schon gut.

◇ ◇ ◇

Ist das Zeitalter

der Jäger und Sammler

eigentlich schon vorbei?

Wer unsicher ist,

lässt sich leichter beeinflussen.

✧ ✧ ✧

Veränderungen sind nicht

automatisch auch

Verbesserungen.

✧ ✧ ✧

Auch wenn man

sich am Herzen liegt,

kann man sich gelegentlich

in den Haaren liegen.

✧ ✧ ✧

Wer den Bogen überspannt,

hat den Bogen

noch nicht raus.

Fachidioten zählen nicht

zu den Dummköpfen.

◇ ◇ ◇

Wir sollten uns

von großen Worten anderer

nicht kleinlaut machen lassen.

◇ ◇ ◇

Wer sich nichts mehr

vormachen lässt,

hat wahrscheinlich schon

einiges hinter sich.

◇ ◇ ◇

Was zur Sprache kommt,

lässt sich nicht mehr

verschweigen.

Wer sich die Ohren zuhalten will,

hat alle Hände voll zu tun.

◈ ◈ ◈

Schadenfreude

ist auch eine Form

der Anteilnahme.

◈ ◈ ◈

Wer alle Fäden in der Hand

haben möchte, sollte nicht

auf den Geduldsfaden

vergessen.

◈ ◈ ◈

Menschlichkeit heißt auch,

einander gelten zu lassen.

Kleinkarierte Zeitgenossen

halten sich für mustergültig.

◈ ◈ ◈

Wo alle einer Meinung sind,

ist jeder Meinungsaustausch

sinnlos.

◈ ◈ ◈

Wer sich viel

vorschreiben lässt,

hat nur wenig zu sagen.

◈ ◈ ◈

Das Schweigen ruft nur dann

ein Echo hervor,

wenn es laut genug ist.

Wer zu allem

entschlossen ist,

darf nicht für alles offen sein.

◈ ◈ ◈

Zuviel zu wissen,

hilft nur wenig weiter.

◈ ◈ ◈

Verfehlt man sein Ziel,

könnte der Weg dorthin

schuld sein.

◈ ◈ ◈

Wer dazulernen will,

lernt nie aus.

Mehr Menschen

heißt nicht

mehr Menschlichkeit.

◈ ◈ ◈

Ein unverdientes Lob

wird man lange nicht los.

◈ ◈ ◈

Dass wir manchen Leuten

nichts zu sagen haben,

sagt eigentlich schon alles.

◈ ◈ ◈

Die Gedankenleere

kann ein ganzes Hirn füllen.

Was wir haben wollen,

ist mitunter etwas ganz anderes,

als wir brauchen würden.

❖ ❖ ❖

Wer keine Rolle mehr spielt,

kann immer noch

als Spielverderber

Karriere machen.

❖ ❖ ❖

Es gibt immer mehr Zeitgenossen,

die keine Zeit mehr haben.

❖ ❖ ❖

Ein einsames Herz

lebt gesünder

als ein gebrochenes.

Mit einem Brett vor dem Kopf
und einem Blatt vor dem Mund
wird jede Maske überflüssig.

◈ ◈ ◈

Was halb so wild ist,
ist meistens doppelt
so uninteressant.

◈ ◈ ◈

Die Nebenkosten für Luftschlösser
werden oft haushoch
unterschätzt.

◈ ◈ ◈

Wer zu weit geht,
hat sich möglicherweise
nur verrannt.

Ein Vielleicht

ist nichts Endgültiges.

◈ ◈ ◈

Es hat sich leider

noch nicht herumgesprochen,

dass uns die Stille

viel zu sagen hätte.

◈ ◈ ◈

Man muss nicht alles,

was man läuten hört,

an die große Glocke hängen.

◈ ◈ ◈

Vom Mehrwert:

Wer mehr Kilo hat,

hat mehr von sich.

Was uns unter die Haut geht,

lässt uns nicht so schnell los.

◈ ◈ ◈

Das Klima auf der Erde

wird wärmer,

das Klima zwischen

den Erdbewohnern kälter.

◈ ◈ ◈

Auf dem Weg der Liebe

bleibt der Egoismus

auf der Strecke.

◈ ◈ ◈

Verständnis

ist ein wichtiger

Nährstoff des Vertrauens.

Gleichmacherei

ist für die einen ein Aufstieg

und für die anderen ein Abstieg.

◇ ◇ ◇

Gleichgültigkeit

ist die niedrigste Form

von Menschlichkeit.

◇ ◇ ◇

Wer keinen Spaß

am Leben findet,

hat ein ernstes Problem.

◇ ◇ ◇

Menschen mit wenig Hirn

können gar nicht

viel Geist haben.

Es wollen immer mehr

viel mehr ernten

als säen.

◈ ◈ ◈

Zu zweit zu weit zu gehen,

kann doppelten Spaß

machen.

◈ ◈ ◈

Wer ein Ziel im Auge hat,

kann den Weg verkürzen.

◈ ◈ ◈

Langeweile

kostet mehr Zeit,

als man sich eigentlich

leisten kann.

Den Wert einer Hauptsache

erkennt man auch

an den Nebensachen.

◇ ◇ ◇

Halbdenker sind oft schon

mit Halbwahrheiten

überfordert.

◇ ◇ ◇

Die Menschlichkeit brauchen wir

auch, um zu menschlichen

Lösungen

kommen zu können.

◇ ◇ ◇

Vor der Stille

kommt das Leisewerden.

Wer etwas Gewinnendes

an sich hat,

steigt in der Wertschätzung.

❖ ❖ ❖

In den Fußstapfen anderer

sind keine eigenen Ziele

zu erreichen.

❖ ❖ ❖

Gott hat es auch nicht leicht:

Er muss mit allen Religionen

zurechtkommen und

fertigwerden.

❖ ❖ ❖

Irrt man sich beim Verzeihen,

entsteht keinerlei Schaden.

Das Mögliche

ist viel wichtiger

als das Unmögliche.

◈ ◈ ◈

Wer Geisterfahrer überholen will,

dem fehlt es vor allem an Geist.

◈ ◈ ◈

Schönheit ist für die meisten

nur Ansichtssache.

◈ ◈ ◈

Wer sich selbst

ins Abseits stellt,

schießt sich damit

ein unnötiges Eigentor.

Beten ist bequemer

als in die Hände spucken

und Ärmel aufkrempeln.

◈ ◈ ◈

Das Aussortieren macht erst Sinn,

wenn man genug einsortiert hat.

◈ ◈ ◈

Menschen, die für uns

Geschenke des Himmels sind,

sind heruntergekommene Engel.

◈ ◈ ◈

Die Natur beherrscht

die Kunst des Wartens

perfekt.

Wer das Beste

erzwingen will,

erreicht damit nichts Gutes.

◈ ◈ ◈

Wer in der Gegenwart lebt,

kann nichts versäumen.

◈ ◈ ◈

Die Theorie macht

seine Rechnung,

aber die Praxis bezahlt sie

meistens nicht.

◈ ◈ ◈

Wir sollten wenigstens

über das nachdenken,

was uns zu denken gibt.

Egoisten

passen wenigstens

zu sich selbst.

✧ ✧ ✧

Die Liebe zu leben

ist Sinn genug.

✧ ✧ ✧

Man müsste

die gesamte Erde

als Naturschutzgebiet

anerkennen.

✧ ✧ ✧

Tiefe

Enttäuschungen

hinterlassen Narben.

Wer seinen Frieden
finden will, sollte auch
nach Zufriedenheit suchen.

◈ ◈ ◈

Die große Welt besteht
aus vielen kleinen Leuten
und eine kleine Menge
großer Menschen.

◈ ◈ ◈

Die Dunkelheit
verleiht dem Licht
Bedeutung.

◈ ◈ ◈

Lobende Worte hören
auch die Schwerhörigen.

Mit Einzelgängern

ist es nicht leicht

Schritt zu halten.

❖ ❖ ❖

Wer mit dem Rücken

zur Wand steht,

fällt wenigstens

nicht so leicht um.

❖ ❖ ❖

Mit gleichgültigen Menschen

weiß sich das Leben

nichts anzufangen.

❖ ❖ ❖

Die Inflation der Sprache

beginnt mit der Geschwätzigkeit.

Gewohnheiten machen
den Alltag erträglicher
und die Sonntage alltäglicher.

◈ ◈ ◈

Das beliebteste Ziel des Waldes
ist der Holzweg.

◈ ◈ ◈

Fertigkeiten sollten nicht
dazu da sein, andere
fertig zu machen.

◈ ◈ ◈

Ein Mangel
an Problembewusstsein
führt zu einem Überfluss
an Problemen.

Wer zu lange überlegt,

ist über kurz oder lang

unterlegen.

❖ ❖ ❖

Wo es bergab geht,

gibt es keine

Gipfelerlebnisse.

❖ ❖ ❖

Wenn jeder nur noch

er selbst sein will –

bleibt dann überhaupt

noch etwas für andere?

❖ ❖ ❖

Auch ein ganz normaler Tag

ist etwas ganz Besonderes.

Erstaunlich,

was manche Leute

in Erstaunen versetzen kann.

◈ ◈ ◈

Nur die Gedankenlosigkeit

ist frei von Hintergedanken.

◈ ◈ ◈

Der Zeitgeist hat etwas

gegen Freigeister.

◈ ◈ ◈

Was man zu lange

links liegen lässt,

kommt irgendwann

von rechts zurück.

Was man im Auge hat,

hat man noch nicht

im Kopf.

◇ ◇ ◇

Gegen die Ehrlichkeit

ist viel Unkraut gewachsen.

◇ ◇ ◇

Was uns bewegt,

lässt uns nicht kalt.

◇ ◇ ◇

Manche verzichten

aufs Denken,

weil ja doch alles anders kommt,

als man denkt.

Wer sich mit dem Guten

nicht zufrieden gibt,

hat nichts Besseres verdient.

◇ ◇ ◇

Glückliche Zufälle

kommen immer

aus heiterem Himmel.

◇ ◇ ◇

Wer viel hört,

hat viel Stoff

zum Vergessen.

◇ ◇ ◇

Mitläufer haben

keine Ahnung davon,

wohin es geht.

Das Schweigen verfehlt sein Ziel,

wenn es nicht der Rede

wert ist.

✧ ✧ ✧

Ist das Ziel wegweisend,

ist der Weg zielführend.

✧ ✧ ✧

Hausgemachte Probleme

lassen sich am besten

durch eine gesunde Portion

Hausverstand lösen.

✧ ✧ ✧

Ein Ausweg

ist nur vorübergehend

eine Lösung.

Wir verstehen einander
oft nicht, weil jeder
sein eigenes Alphabet hat.

◈ ◈ ◈

Was sich lohnt,
zahlt sich immer aus.

◈ ◈ ◈

Was wir hinnehmen,
gibt nicht viel her.

◈ ◈ ◈

Wenn die Liebe
die Hoffnung verliert,
findet sie sich im Leben
nicht mehr zurecht.

Der Zweifel

zeigt dem Glauben,

wo es langgeht.

◈ ◈ ◈

Sätze, die stimmen,

haben auch Gewicht.

◈ ◈ ◈

Anpassung hemmt

die Entfaltungsmöglichkeiten.

◈ ◈ ◈

Bei manchen Leuten

weiß man nicht, ob sie

zu gut für ein schlechtes Beispiel

oder zu schlecht für ein gutes sind.

Wer seine Taten sprechen lässt,

braucht nicht

nach Worten zu suchen.

◈ ◈ ◈

Wenn das Leben

Spaß macht,

braucht man keinen Humor.

◈ ◈ ◈

Für vorsichtige Menschen

gehört die Rücksicht

zur Grundausstattung.

◈ ◈ ◈

Man macht sich

nicht umsonst beliebt.

Was man im Kopf nicht aushält,

sollte man lieber

in andere Regionen auslagern.

◇ ◇ ◇

Nachtragende Zeitgenossen

sitzen am liebsten

in der Retourkutsche.

◇ ◇ ◇

Beim Nächstenliebe Üben

sollte man immer mit

einfachen Übungen beginnen.

◇ ◇ ◇

Was sich sagen lässt,

lässt sich auch verschweigen.

Was man in Kauf nehmen muss,

möchte man nicht einmal

geschenkt haben.

◈ ◈ ◈

Eine ehrliche Haut

ohne dickes Fell

ist äußerst verletzungsanfällig.

◈ ◈ ◈

Man muss gar nicht gewinnen,

um sich als Sieger fühlen

zu können.

◈ ◈ ◈

Wenn es nur darum geht,

nicht zu verlieren,

genügt bereits ein Unentschieden.

Wer an nichts mehr
Geschmack finden kann,
verbittert mit der Zeit.

◈ ◈ ◈

Für Schwarz-Weiß-Denker
gleicht das Leben
einem Schachspiel.

◈ ◈ ◈

Großzügigkeit
ist nicht immer
ein Zeichen von Größe.

◈ ◈ ◈

Wer sich zu lange
die Zeit vertreibt,
treibt es zu weit.

Was wir uns ausmalen können,

können wir besser ausdrücken.

◈ ◈ ◈

Was uns zusteht,

brauchen wir nicht in Kauf

zu nehmen.

◈ ◈ ◈

Dummköpfen erscheint

das Unlogische

logisch.

◈ ◈ ◈

An Menschen, denen man

nicht gefallen will,

missfällt uns etwas.

Wer Gefallen am Nicht-Gefallen
findet, muss nie lange suchen.

◈ ◈ ◈

Manche Leute kennen nur
ein einziges Gesprächsthema:
sich selbst.

◈ ◈ ◈

Tritt man auf der Stelle,
steht man sich
höchstwahrscheinlich
selbst im Weg.

◈ ◈ ◈

Wir verdanken einander
viel mehr, als wir denken.

Man kann

auch durch Abwesenheit

auf sich aufmerksam machen.

◈ ◈ ◈

Gegen schmutzige Gedanken

gibt es kein Waschmittel.

◈ ◈ ◈

Wer sich auf das Unwesentliche

beschränken will,

hat wesentlich mehr zu tun

als die anderen.

◈ ◈ ◈

Wer es zu etwas bringen will,

muss etwas mehr tun

als das Übliche.

Wer im Mittelmaß

einsame Spitze ist,

stößt schnell an seine Grenzen.

◈ ◈ ◈

Wir sehen es nicht gerne,

wenn uns jemand

durchschaut.

◈ ◈ ◈

Gefühle,

die unter die Haut gehen,

sind nie oberflächlich.

◈ ◈ ◈

Komisch:

Kopflose Menschen

fallen oft auf die Schnauze.

Der Weg nach oben

braucht mehr Zeit

als der nach unten.

◇ ◇ ◇

Im Haus der Zuversicht

wohnen viele Hoffnungen.

◇ ◇ ◇

Menschen,

die wir beim Wort

nehmen können,

sollten wir keinen Korb

geben.

◇ ◇ ◇

Wir können immer

nur einen Weg gehen.

Gute Gedanken

sind immer

ein guter Anfang.

◈ ◈ ◈

Träume haben es nicht nötig,

wahr zu werden.

◈ ◈ ◈

Wer immer nur

um den heißen Brei herumredet,

verdirbt den anderen

den Appetit.

◈ ◈ ◈

Was in aller Munde ist,

braucht man gar nicht

auszusprechen.

Ein Vielleicht

wiegt viel weniger

als ein Ja oder ein Nein.

◈ ◈ ◈

Wer weniger weiß,

vergisst auch weniger.

◈ ◈ ◈

Ich glaube,

dass Gott sicher nicht will,

dass wir ihn vergöttern.

◈ ◈ ◈

Auswege

müssen ohne Wegweiser

auskommen.

Wer das Weite sucht,

bevor es eng wird,

findet immer einen Ausweg.

◈ ◈ ◈

Lieben reimt sich auf Leben.

Hassen nicht.

◈ ◈ ◈

Es hängt von unseren

Erwartungen ab,

ob genug genug ist.

◈ ◈ ◈

Der Weg ins Aus

ist kein guter Ausweg,

sondern ein zielloser Irrweg.

Wer alles haben will,
muss alles in Kauf nehmen.

Große Worte sind schwerer
zu überhören.

Nicht alles, was sich
verwerten lässt,
hat wirklich einen Wert.

Wer Klarheit gewinnen will,
darf nicht gedankenverloren
agieren.

Das Hinnehmen ist ein Nehmen,

das uns meistens nichts gibt.

◈ ◈ ◈

Zum Träumen

braucht man keine Brille.

◈ ◈ ◈

Wer zwischen allen Stühlen

sitzt, steht meistens

ganz allein da.

◈ ◈ ◈

Leute, die alles weitererzählen,

gehen auch sonst

oft zu weit.

Ein Weg

in die falsche Richtung,

kann nicht der richtige sein.

❖ ❖ ❖

Wer sich nicht anpasst,

passt in keine Schublade.

❖ ❖ ❖

Besserwisser wissen

bereits vorher

alles besser.

❖ ❖ ❖

Nachreden

ist viel leichter und einfacher

als nachdenken.

Für Verlierer

sind alle Gewinner

Spielverderber.

◈ ◈ ◈

Was nicht in Frage kommt,

bekommt keine Antwort.

◈ ◈ ◈

In der Stille

kann alles zu Wort kommen,

auch die Sprachlosigkeit.

◈ ◈ ◈

Gedankenlose Menschen

schaffen es nicht,

auf andere Gedanken zu kommen.

Die wenig denken,

denken,

dass sie viel reden müssten.

◈ ◈ ◈

Schönheit

geht durchs Auge.

◈ ◈ ◈

Woher kommt eigentlich

die menschliche Affenliebe

zu Katzen und Hunden?

◈ ◈ ◈

Wer wenig vorweisen kann,

kommt leicht in Versuchung,

viel und groß

anzugeben.

Wir können denken,

aber nicht fühlen,

was wir wollen.

❖ ❖ ❖

Ziellosen Menschen

stehen alle Wege offen.

❖ ❖ ❖

Gedanken,

die von Herzen kommen,

sind immer sehr menschlich.

❖ ❖ ❖

Wer glaubt,

dass alles in den Sternen steht,

kann sich das Bücherlesen

ersparen.

Auch Ungläubige

haben ihr Kreuz zu tragen.

❖ ❖ ❖

Führt eine Erfahrung

zu einer Einsicht,

hat man mehr davon.

❖ ❖ ❖

Wer keine Ruhe

geben kann,

wird keine Ruhe

finden.

❖ ❖ ❖

Eine liebevolle Umarmung

braucht zwei Paar Arme.

Gute Aussichten

machen zuversichtlich.

❖ ❖ ❖

Gibt uns die Liebe Berge,

wollen wir diese

gar nicht mehr versetzen.

❖ ❖ ❖

Durch Nachdenken

lässt sich voraussehen,

was uns die Zukunft

bringen wird.

❖ ❖ ❖

Denkanstöße stoßen

nur selten auf Gegenliebe.

Wir fühlen uns lieber

unverstanden als durchschaut.

◈ ◈ ◈

Ein ungutes Gefühl

kann viele gute

verdrängen.

◈ ◈ ◈

Ist der Kopf mit Hintergedanken

ausgefüllt, fehlt es an Platz

für weiterführende Gedanken.

◈ ◈ ◈

Das Talent zur Nächstenliebe

sollte man nicht

für sich behalten.

Ein Glaube ohne Zweifel
ist unglaubwürdig.

◈ ◈ ◈

Das Leben erfüllt uns
auch Wünsche, die wir uns
gar nicht gewünscht haben.

◈ ◈ ◈

Denkenden Menschen
sollte man nicht verdenken,
dass sie sich gelegentlich
verdenken.

◈ ◈ ◈

Gewohnheiten müssen
gar nicht langweilig sein.

Wer Werte hat,

hat auch Prinzipien.

◈ ◈ ◈

Was zu einem passt,

zieht einen an.

◈ ◈ ◈

Toleranz ohne Grenzen

ist offene Gleichgültigkeit.

◈ ◈ ◈

Wer die Antwort auf die

Frage nach dem Sinn des Lebens

gefunden hat,

sollte sich seiner Verantwortung

bewusst sein.

Fantasielose Menschen
sind anfällig für Langweile.

✧ ✧ ✧

Jeder Mensch hat Werte.
Welche davon wertvoll sind,
ist eine andere Frage.

✧ ✧ ✧

Menschlichkeit ist
für manche Leute
bestenfalls ein Hobby.

✧ ✧ ✧

Dass wir grundverschieden sind,
heißt nicht, dass wir
nicht gleichwertig wären.

Wer viel unterlässt,

hat weniger zu tun.

❖ ❖ ❖

Die Zukunft

ist eine unbestimmte Größe.

❖ ❖ ❖

Will man der Wahrheit

ausweichen, muss man

schweigen oder lügen.

❖ ❖ ❖

Wissen kann man

auswendig lernen,

Weisheit nicht.

Wer hinter dem Mond lebt,

braucht keinen Sonnenschutz.

❖ ❖ ❖

Was uns bereichert,

teilt man gerne.

❖ ❖ ❖

Auch wer glaubt,

menschlich zu handeln,

kann sich irren.

❖ ❖ ❖

Wer einen Nachteil

zu nutzen versteht,

zeigt Stärke.

Der Sonntagsglaube
ist viel beliebter
als der Alltagsglaube.

❖ ❖ ❖

Wer verzweifelt ist,
braucht die Hoffnung
wie ein Stück Brot.

❖ ❖ ❖

Jede Liebesbeziehung
ist etwas Einzigartiges.

❖ ❖ ❖

Gedankenlosigkeit
öffnet der Dummheit
Tür und Tor.

Anvertrauen sollten wir uns
nur jenen, denen wir voll
vertrauen.

❖ ❖ ❖

Ist das Selbstvertrauen zerstört,
brauchen wir Mitmenschen,
die uns aufbauen.

❖ ❖ ❖

Pessimismus gedeiht auch
bei Schlechtwetter prächtig.

❖ ❖ ❖

Es gibt zu denken,
dass immer mehr Zeitgenossen
Google für sich denken lassen.

Was uns nicht interessiert,

kann uns nicht fesseln.

Menschlichkeit

ist eine lebenslange

Lernaufgabe.

Will man dem Lebenssinn

ausweichen,

ist eine Sinnblindheit

vorteilhaft.

Gespieltes Mitgefühl

ist ein brutales Foul.

Gefühle verlangen nicht
nach einer Begründung.

◈ ◈ ◈

Die meisten Vorhaben
sind viel schneller gedacht
als gemacht.

◈ ◈ ◈

Nur wer seinen eigenen Wert
kennt, kann die Wertschätzung
durch andere
richtig einschätzen.

◈ ◈ ◈

Je schwerer die Vorurteile,
desto geringer die Toleranz.

Wer sich selbst davonläuft,
läuft seinem Selbstbewusstsein
hinterher.

◈ ◈ ◈

Wer sich verbiegen lässt,
bekommt Probleme
mit seiner Geradlinigkeit.

◈ ◈ ◈

Was wir uns nicht eingestehen
wollen, sitzt uns lange
im Nacken.

◈ ◈ ◈

Der Dummheit ist es egal,
ob sie verstanden wird
oder nicht.

Wer nicht nachdenkt,

kann sich keine

eigene Meinung bilden.

◈ ◈ ◈

Wer heute nicht weiterdenkt,

denkt morgen wie gestern.

◈ ◈ ◈

Manchen Leuten

muss man gezielt ausweichen,

damit sie einem

nicht im Weg stehen.

◈ ◈ ◈

Nicht alles,

was wir versäumen,

lässt sich nachholen.

Wer so ist,

wie er sein möchte,

ist auf dem richtigen Weg.

◇ ◇ ◇

Das nichtgetane Gute

spielt dem Bösen

ungewollt in die Karten.

◇ ◇ ◇

Wo der Mut fehlt,

ist es nicht weit zur Wut.

◇ ◇ ◇

Unsere Welt sähe anders aus,

wenn die Regierenden

das Wohl aller Menschen

im Auge hätten.

Wer zufrieden ist,

kann nicht gleichzeitig

undankbar sein.

◈ ◈ ◈

Nicht alles,

was vergangen ist,

ist überwunden.

◈ ◈ ◈

Unsere Wurzeln zeigen uns,

wo unser Platz ist.

◈ ◈ ◈

Wer seinen Mund

nicht halten kann,

kann auch sein Wort

nicht halten.

Wer mit dem Strom schwimmt,

geht damit den Weg

des geringsten Widerstands.

◈ ◈ ◈

Wer ständig unter Strom steht,

ist immer Kurzschluss gefährdet.

◈ ◈ ◈

Wer Enttäuschungen

durch und durch gewöhnt ist,

will oft gar nicht mehr tauschen.

◈ ◈ ◈

Was für die einen

ein roter Teppich,

ist für andere

ein rotes Tuch.

Wer immer auf dem Laufenden

sein will, hat keine Zeit mehr,

in sich zu gehen.

◈ ◈ ◈

Heitere Gelassenheit

ist ein Stück Lebenskunst.

◈ ◈ ◈

Wer liebenswert ist,

steigert seine Chancen,

geliebt zu werden.

◈ ◈ ◈

Um Menschen, die uns unsere

Geradlinigkeit krummnehmen,

sollten wir lieber

einen Bogen machen.

Auch der Toleranz
muss man Grenzen setzen.

◈ ◈ ◈

Was wir glauben,
über andere zu wissen,
sind zum Teil nur Vermutungen.

◈ ◈ ◈

Wer Nägel mit Köpfen macht,
hat gute Chancen,
den Nagel auf den Kopf
zu treffen.

◈ ◈ ◈

Was man ständig vor Augen hat,
brauchen wir uns nicht
hinter die Ohren zu schreiben.

Wer sich in die eigene Tasche lügt,

hat immer viel zu tragen.

◈ ◈ ◈

Auf eine bessere

Vergangenheit zu warten,

ist reine Zeitverschwendung.

◈ ◈ ◈

Was sich für die einen

von selbst versteht,

ist für andere total

unverständlich.

◈ ◈ ◈

Was uns runterzieht,

hat kein Interesse daran,

uns auch wieder hochzuziehen.

Unter den Dummköpfen

gibt es viele Leerdenker.

❖ ❖ ❖

Unsere Erfahrungen

prägen unsere Ansichten.

❖ ❖ ❖

Unser Lebensweg

ist kein Spaziergang.

❖ ❖ ❖

Mit Gedanken,

die uns ständig verfolgen,

sollten wir uns zusammen- und

auseinandersetzen,

weil wir sie sonst

nicht loswerden.

Ein schlechtes Gewissen

ist besser als ein fehlendes.

◈ ◈ ◈

Durch ein offenes Tor

kommen auch

nicht Willkommene.

◈ ◈ ◈

Nach der Beichte

ist vor der Beichte.

◈ ◈ ◈

Die Gedankengänge

mancher Leute

sind so weit hergeholt,

dass sie höchstwahrscheinlich

noch aus der Steinzeit stammen.

Wer ein Wegbereiter sein will,

kann nicht in die Fußstapfen

anderer treten.

❖ ❖ ❖

Was wir gut sein lassen,

kann schlecht fürs Umdenken sein.

❖ ❖ ❖

Es wäre gut,

wenn unser Ehrgeiz

ohne Geiz auskommen würde.

❖ ❖ ❖

Viel zu viele haben

ihre innere Stimme

auf lautlos geschaltet.

Wer sich für dumm

verkaufen lässt,

verliert seinen Wert.

◈ ◈ ◈

Vom Umgang mit der Zeit:

verwenden statt verschwenden!

◈ ◈ ◈

Pessimisten sind enttäuscht,

wenn nicht alles so kommt,

wie sie es befürchtet haben.

◈ ◈ ◈

Viele erkennen

ihre Grenzen erst,

wenn sie sie

überschritten haben.

Geborgenheit

ist ein Segen.

◈ ◈ ◈

Unser Herz

sieht oft mehr

als unsere Augen.

◈ ◈ ◈

Hoffnungen

sollten mehr sein

als Wunschvorstellungen.

◈ ◈ ◈

Sehnsucht gehört zur Liebe

wie der Schatten zum Licht.

ERNST FERSTL SPRUCH-KLASSIKER:

Zeit, die wir uns nehmen,

ist Zeit, die uns etwas gibt.

Gerade weil wir alle

in einem Boot sitzen, sollten wir

froh darüber sein, dass nicht alle

auf unserer Seite stehen.

Die mit Abstand

beste Nerven-Heil-Anstalt

ist die freie Natur.

Das Gute fängt im Kopf an,

das Beste im Herzen.

Anders Denkende sind oft

ganz anders als wir denken.

BUCHTIPP

Herztöne: Gedichte und Gedanken

Ernst Ferstl, BOD 2020, Hardcover, 124 Seiten, 18 Euro, ISBN: 9783749480296

NEUE SICHTWEISE

Mit den Augen

der Hoffnung

sehen wir weiter.

Mit den Augen

des Herzens

sehen wir tiefer.

Mit den Augen

der Liebe

sehen wir weiter

und tiefer.

Menschen,

die es verstehen,

uns zu verstehen,

sind Geschenke

des Himmels.

Eine harmonische

Beziehung braucht

eine Mischung

von Geborgenheit

und Freiheit.

AKTUELLE ERNST FERSTL BÜCHER:

2014: "**Ausgedrückte Eindrücke**", BOD

2015: "**Punktgenau**", BOD

2017: "**Wenn ein Wort sitzt,
kann man es stehen lassen**", Bellaprint V.

2018: "**Andenken**", BOD

2018: "**Denkwege**", BOD

2019: "**Denkworte**", BOD

2019: "**Übrigens**", BOD

2020: "**Standpunkte**", BOD

2020: "**Sozusagen**", BOD

2021: "**Randnotizen**", BOD

2021: "**Ansätze**", BOD

2022: "**Unter uns gesagt**", BOD

2022: "**Wahrnehmungen**", BOD

AKTUELLE GEDICHTBÄNDE:

2015: "**Herznah**", BOD

2017: "**Zusammen wachsen**", BOD

2018: "**Zusammen sind wir herzzerreißend**", BOD

2020: "**Herztöne**", BOD

2022: "**Herztöne – Band 2**", BOD

ERNST FERSTL

Der 1955 in Niederösterreich
geborene Dichter und Denker
nimmt sich jeden Tag Bedenkzeit.

In dieser schreibt er seine Gedanken auf,
mitten aus dem Leben heraus,
mit Hirn, Herz und Humor.

So entstehen Aphorismen, Sprüche,
Lebensweisheiten, Gedichte und Kurztexte.

Ferstls Sprache kann als sensibel und einfühlsam
bezeichnet werden, er versucht seine Eindrücke
in einer verständlichen und einfachen Sprache
auszudrücken. Seine Werke bringen Gedanken und
Gefühle auf den Punkt.

Er hat bisher mehr als 35 Bücher
in österreichischen und deutschen Verlagen
veröffentlicht. Beruflich war er 40 Jahre
Hauptschullehrer, in Pension.

Infos über den Autor und seine Bücher:
www.gedanken.at

Kontakt: ernstferstl@aon.at

·